Ihab Eddine Yahiaoui

Modélisation des composés binaires à base de lanthanides et d'arsenic

Ihab Eddine Yahiaoui

Modélisation des composés binaires à base de lanthanides et d'arsenic

Étude de premier-principes des propriétés physiques

Éditions universitaires européennes

Impressum / Mentions légales

Bibliografische Information der Deutschen Nationalbibliothek: Die Deutsche Nationalbibliothek verzeichnet diese Publikation in der Deutschen Nationalbibliografie; detaillierte bibliografische Daten sind im Internet über http://dnb.d-nb.de abrufbar.
Alle in diesem Buch genannten Marken und Produktnamen unterliegen warenzeichen-, marken- oder patentrechtlichem Schutz bzw. sind Warenzeichen oder eingetragene Warenzeichen der jeweiligen Inhaber. Die Wiedergabe von Marken, Produktnamen, Gebrauchsnamen, Handelsnamen, Warenbezeichnungen u.s.w. in diesem Werk berechtigt auch ohne besondere Kennzeichnung nicht zu der Annahme, dass solche Namen im Sinne der Warenzeichen- und Markenschutzgesetzgebung als frei zu betrachten wären und daher von jedermann benutzt werden dürften.

Information bibliographique publiée par la Deutsche Nationalbibliothek: La Deutsche Nationalbibliothek inscrit cette publication à la Deutsche Nationalbibliografie; des données bibliographiques détaillées sont disponibles sur internet à l'adresse http://dnb.d-nb.de.
Toutes marques et noms de produits mentionnés dans ce livre demeurent sous la protection des marques, des marques déposées et des brevets, et sont des marques ou des marques déposées de leurs détenteurs respectifs. L'utilisation des marques, noms de produits, noms communs, noms commerciaux, descriptions de produits, etc, même sans qu'ils soient mentionnés de façon particulière dans ce livre ne signifie en aucune façon que ces noms peuvent être utilisés sans restriction à l'égard de la législation pour la protection des marques et des marques déposées et pourraient donc être utilisés par quiconque.

Coverbild / Photo de couverture: www.ingimage.com

Verlag / Editeur:
Éditions universitaires européennes
ist ein Imprint der / est une marque déposée de
OmniScriptum GmbH & Co. KG
Bahnhofstraße 28, 66111 Saarbrücken, Deutschland / Allemagne
Email: info@omniscriptum.com

Herstellung: siehe letzte Seite /
Impression: voir la dernière page
ISBN: 978-3-8417-8676-0

République Algérienne Démocratique Et Populaire
Ministère De L'enseignement Supérieur Et De La Recherche
Scientifique

Université Djillali Liabès de Sidi Bel-Abbès

Faculté des Sciences

Département de physique

Spécialité : Physique

Option : Physique des Matériaux

Présenté par :

Mr YAHIAOUI Ihab Eddine

Thème

Étude de premier-principes des propriétés physiques de composés binaires à base de lanthanides et d'arsenic

Devant le jury composé de :

Mr Yakoubi Abdelkader   Prof. (Université de Sidi Bel-Abbès)   Président

Mr Lazreg Abdelkader   Dr. (Université de Sidi Bel-Abbès)   Encadreur

Mr Khachai Houari   Dr. (Université de Sidi Bel-Abbès)   Examinateur

Dédicace

Je dédié ce modeste travail

À mes chers parents qui ont veillé à mon bonheur durant toute ma vie

que je les remercie énormément pour leurs aides.

À la mémoire de mon cher oncle JAMEL (rahimaka allah) qui m'a

inculquée le gout des études et de la réflexion prospective, Que bon

dieu ait son âme et l'accueille en son vaste Paradis. Et Je dédié ce

travail aussi à mes chers AZEDDINE, MOHAMED, SIDAHMED et

tout les membres de la grande famille de côté paternel et maternel.

Et à tout mes amis spécialement BENALI AMINE, BASSOUD

AHMED et cher cousin ZAKARIA et mes collègues sans exception.

A tous ceux qui ont participé de près ou de loin à la réalisation de ce

travail.

YAHIAOUI IHAB EDDINE

3

Remerciements

Mes remercîments vont premièrement à mon Dieu.

Je tiens tout particulièrement à exprimer mon immense gratitude à mon encadreur Mr Lazreg Abdelkader maître de conférences à Université de Sidi Bel-Abbes, de m'avoir dirigé au cours de ce travail, sa grande patience, sa disponibilité totale durant tout le période d'élaboration de ce travail et pour m'avoir fait bénéficier de ses compétences scientifiques, ses qualités humaines et sa constante disponibilité.

Je tiens à remercier Mr Yakoubi Abdelkader Professeur à l'université de Sidi Bel-Abbés et Mr Khachai Houari maître de conférences à l'université de Sidi Bel-Abbés d'avoir accepté d'examiner ce travail et me faire l'honneur de participer au jury.

Je tiens également à exprimer mes remerciements à tous mes enseignants et mes collègues et mes frères AMINE, MOHAMED et ABDERRAHMEN et SID AHMED

Je ne pourrais pas finir cette partie sans remercier les membres de ma famille et en particulier mes parents, que ce travail rends hommage à leurs

Dévouements.

Table des matières

Chapitre I
Introduction générale

Chapitre II
La Théorie de la Fonctionnelle de la Densité (DFT)

Chapitre III
Méthode des Ondes Planes Augmentées Linéarisées (FP-LAPW)

Chapitre IV
Résultats et Interprétations

Liste des figures

Liste des tableaux

Chapitre I

Introduction

I. Introduction générale :

La Science des Matériaux étudie l'élaboration et la mise en œuvre des matériaux, leurs propriétés et leur microstructure (jusqu'à l'échelle atomique) et ceci, pour les matériaux aussi divers que polymères, céramiques, métaux et alliages, matériaux optiques et électroniques. Les connaissances acquises permettent d'améliorer les performances des produits existants et de concevoir des matériaux novateurs pour la prochaine génération d'applications dans différentes domaines en développement durable.

La Science des Matériaux a pour objectif d'utiliser, de développer et de modifier les propriétés de la matière en vue d'une application donnée. Ces propriétés de la matière sont intimement liées d'une part à la composition et la structure de la matière et d'autre part aux conditions d'élaboration et de traitement (en volume ou en surface). Les matériaux se retrouvent donc au stade de la recherche scientifique ou industrielle qui étudie la perspective de nouveaux matériaux ou de nouveaux procédés d'élaboration ou de traitement des matériaux ; les matériaux étant appelés nouveaux ,soit parce qu'ils apportent de nouvelles propriétés jusqu'alors inexploitées (exemple : les composites dans l'aéronautique), soit parce qu'ils peuvent être transposés dans un nouveau domaine d'application (exemple : le magnésium dans l'automobile) ; et aussi du développement et du bureau d'études pour optimiser, changer et mettre en œuvre la fabrication et le traitement des matériaux (exemple : la diminution de la largeur des pistes sérigraphies des composants électroniques).

Parmi les tâches principales des ingénieurs en science des matériaux, on mentionnera le développement de nouveaux matériaux, l'optimisation de matériaux existants ainsi que l'élargissement de l'offre en matériaux pour la production de machines et d'appareils d'usage courant. Donc le domaine des matériaux est la discipline-clé qui permet à tous les autres secteurs de l'ingénierie de se développer, elle réunit de manière unique, les sciences de base et les sciences de l'ingénieur.

9

C'est en 1988 qu'Albert Fert et Peter Grünberg découvrirent, indépendamment l'un de l'autre, un effet physique tout nouveau – la magnétorésistance géante ou GMR. Des variations magnétiques extrêmement faibles entraînent dans un système GMR de fortes variations de la résistance électrique. C'est un effet très utile pour la lecture des disques durs où l'information mémorisée magnétiquement (MRAM) et à la génération d'ondes hyperfréquence (télécommunications), doit être convertie en courant électrique.

La spintronique se développe sur de nombreux axes. Le transfert de spin, par exemple, permet de manipuler l'aimantation d'un ferromagnétique sans appliquer de champ magnétique mais seulement par transfert de moment angulaire de spin depuis un courant

Aujourd'hui spintronique là qui exploite l'influence du spin sur la conduction électrique, prend racine dans des recherches fondamentales sur les propriétés de transport des matériaux ferromagnétiques s'est développée après la découverte de la Magnétorésistance Géante (GMR) en 1988 qu'est aujourd'hui en pleine expansion. Elle a des applications importantes.

Les terres rares sont un groupe de métaux aux propriétés voisines comprenant le scandium 21 Sc, l'yttrium 39 Y et les quinze lanthanides. Du point de vue de l'économie mondiale, ils font partie des métaux stratégiques, qui se servent comme composants pour véhicules électriques et hybrides qui participent à la probable croissance des véhicules électriques renforce l'intérêt pour certaines terres rares : composant d'accumulateurs (lanthane) et la fabrication d'aimants compacts pour les moteurs électriques et comme Colorants : Les oxydes de terre rare sont également utilisés comme pigments, en particulier pour le rouge (pour remplacer l'oxyde de chrome). Ainsi pour leurs propriétés fluorescentes, notamment dans les lampes à décharge (néons, ampoules fluocompactes), les « filets » des lampes à gaz de camping, comme photophores des écrans cathodiques ainsi que, récemment, comme dopant dans différents types de lasers. Toutefois, une part importante de la production de terres rares est utilisée en mélange.

Par exemple les lasers a semi-conducteurs se sont imposés dans un nombre croissant d'application en optoélectronique et notamment dans le domaine des télécommunications pas fibres optique grâce à la combinaison terre rare comme Eu, Gd, Tb et Dy avec des composés de la colonne V comme As du tableau périodique (EuAs,GdAs,TbAs,DyAs).

Dans ce mémoire, nous avons choisir les matériaux monopnictures de type ReAs (Re : Eu,Gd,Tb et Dy). Les pnictures est sont des composés de l'élément pnictogène (les pnictogènes sont les éléments de la 15éme colone de tableau de Mendeleïev). La plupart de ces composés cristallisent principalement dans la nature dans la structure rocksalt [6] (la structure NaCl-type B1) figure1.2. correspond au groupe d'espace $Fm\bar{3}m$ avec l'atome de terre rare au positions (0,0,0), (1/2,1/2,0), (1/2,0,1/2), (0,1/2,1/2) et l'atome de pnictogène (1/2,1/2,1/2), (1/2,0,0), (0,1/2,0), (0,0,1/2).

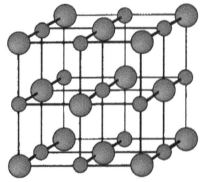

Figure 1.2 : Structure du monopnictures dans la structure rocksal

Le but de Ce travail est de la détermination des propriétés structurales, électroniques et magnétique du EuAs, GdAs, TbAs et DyAs dans le cadre de la théorie de la fonctionnelle de la densité implémentée par la méthode FP-LAPW.

Ce mémoire est rédigé comme suit : dans le chapitre I nous avons commencé par une introduction qui expose l'état des lieux avant notre travail, dans le chapitre II nous exposons les bases de la théorie de la fonctionnelle de la densité. Dans le chapitre III nous détaillons la méthode FPLAPW. Dans le chapitre IV nous exposons nos résultats. Enfin nous terminons cette thèse par une conclusion.

Chapitre II

La Théorie de la Fonctionnelle

de la Densité (DFT)

II-1 Introduction :

Les méthodes ab initio sont des techniques qui permettent de déterminer la structure électronique d'une association de particules élémentaires, les ions et les électrons en interaction. De nombreux théoriciens ont contribué à l'essor de ces méthodes de calcul, il y a eu parallèlement le développement de l'informatique qui a permis de faire de la simulation numérique avec comme point de départ l'équation de Schrödinger.

L'objectif principal de la théorie de la fonctionnelle de la densité est de remplacer la fonction d'onde multiélectronique par la densité électronique en tant que quantité de base pour les calculs. Alors que la fonction d'onde multiélectronique dépend de 3N variables (où N est le nombre total de particules du système), la densité est seulement fonction de trois variables ; il s'agit donc d'une quantité plus facile à traiter tant mathématiquement que conceptuellement.

Le traitement de ce problème à plusieurs corps en mécanique quantique consiste à rechercher les solutions de l'équation de Schrödinger. En générale il n'est pas possible de résoudre cette équation, de sorte que le calcul des états d'énergies du système passe nécessairement par un certain nombre d'hypothèses (approximations) simplificatrices que nous allons les discuter au coure de ce chapitre, Ou l'objectif de ces approximations est de résoudre l'équation de Schrödinger [1] sans introduire de paramètre ajusté à l'expérience, c'est-à-dire de déterminer l'énergie (E) et la fonction d'onde (ψ) d'un système quantique dont l'équation de Schrödinger .

II-2 Equation de Schrödinger :

Un cristal est constitué d'un très grand nombre de particules en interaction, le problème théorique fondamental de la physique du solide est de maitriser l'organisation intime de ces particules qui est à l'origine de leurs propriétés physico-chimiques. Il est clair que la mécanique classique est impuissante pour la résolution de ce type de système et il faut faire appel à la mécanique quantique à travers la résolution de l'équation de Schrödinger [1]:

$$\hat{H}\,\psi \ = \ E\,\psi \qquad\qquad (\text{II.1})$$

Où $\hat{H}$: est L'Hamiltonien du système.

E : est l'énergie totale du système.

ψ: Sa fonction d'onde (fonction propre).

Dans un système de N corps (N noyaux et n électrons) L'Hamiltonien s'écrit :

$$\hat{H} = -\frac{\hbar^2}{2m}\sum_i \nabla_i^2 + \frac{1}{2}\sum_i^n \sum_{i\neq k}^n \frac{e^2}{4\pi\varepsilon_0 r_{ij}} + \sum_i^n \sum_k^N \frac{Z_k e^2}{4\pi\varepsilon_0 r_{ik}} - \frac{\hbar^2}{2}\sum_k^N \frac{1}{M_k}\nabla_k^2 + \frac{1}{2}\sum_k^N \sum_l^N \frac{Z_k Z_l e^2}{4\pi\varepsilon_0 R_{kl}} \;(\text{II.2})$$

Où : m : est La masse de l'électron.

r_{ij} : est la distance entre l'électron i et l'électron j.

M_k : est la masse du noyau.

R_{kl} : est la distance entre les centres des noyaux *k* et *l*.

Z_k, Z_l: Les nombres atomiques des noyaux *k* et *l*.

D'une façon condensée. $\hat{H}$ s'écrit :

$$\hat{H} \ = \ T_e + V_{e-e} + V_{N-e} + T_N + V_{N-N} \qquad\qquad (\text{II.3})$$

Où

T_e : est l'énergie cinétique des électrons.
T_N : est l'énergie cinétique des noyaux.
V_{e-e} : est l'énergie d'interaction électron-électron.
V_{N-e} : est l'énergie d'interaction noyau-électron.
V_{N-N} : est l'énergie d'interaction noyau-noyau.

La résolution analytique de l'équation de Schrödinger (II.1) d'un système de particules qui se trouvant en interaction est impossible. Donc Pour trouver une solution de cette équation on doit faire des approximations, parmis-elles l'approximation de Born-Oppenheimer [2].

II-3 Approximation de Born-Oppenheimer :

L'approche de Born- Oppenheimer [2] est fondée sur le fait que les noyaux sont beaucoup plus lents (car plus gros) que les électrons. Selon Born et Oppenheimer Le mouvement électronique peut ainsi être séparé de celui des noyaux car les électrons se déplacent alors sur une surface d'énergie potentielle dans le champ des noyaux et l'énergie cinétique des noyaux est considérée comme négligeable et le terme de répulsion entre les noyaux est considéré comme constant. L'équation (II.3) devient :

$$H = T_e + V_{e-e} + V_{N-e} \qquad (II.4)$$

Alors

$$\hat{H} = -\frac{\hbar^2}{2m} \sum_i \nabla_i^2 + \frac{1}{2} \sum_i^n \sum_{i \neq k}^n \frac{e^2}{4\pi\varepsilon_0 r_{ij}} + \sum_i^n \sum_k^N \frac{z_k e^2}{4\pi\varepsilon_0 r_{ik}} \qquad (II.5)$$

On a donc réduit la complexité du problème. Mais la solution de l'équation (II.1) reste toujours difficile. Il faut faire d'autres approximations pour résoudre ce problème.

II-4 Approximation de Hartree-Fock :

Le modèle de Hartree [3], ou méthode du champ auto-cohérent (self-consistent), est une description dans laquelle les électrons sont des particules indépendantes obéissant au principe d'exclusion de Pauli (deux électrons de même spin ne peuvent pas se rapprocher indéfiniment). On cherche la fonction d'onde de l'état fondamentale comme un déterminant de Slater construit sur des fonctions d'ondes individuelles. Ces fonctions d'ondes sont en fait inconnues et la méthode consiste à les déterminer de manière à minimiser l'énergie de l'atome. L'approximation de Hartree-Fock [4] et donc une méthode vibrationnelle dans laquelle on cherche les fonctions individuelles qui conduisent à l'énergie de liaison la plus basse. Ce faisant on est amené à résoudre un ensemble de N équations couplées ; dite équations de Hartree-Fock [4] dont la structure est similaire à celle d'une équation de Schrödinger pour une particule dans le champ moyen V(r). L'hamiltonien peut être écrit comme une somme des hamiltoniens chacune décrit le comportement d'un seul électron :

$$H_i = \sum \frac{-\hbar^2}{2m} \Delta_i + U_i(r_i) + V_i(r_i) \qquad (II.6)$$

Tel que :

$U_i(r_i)$: L'énergie potentielle de l'électron (i) dans les champs de tous les noyaux k.

$V_i(r_i)$: Le champ effectif de Hartree.

Ce dernier est composé de deux contributions :

$$V_N(r) = -Ze^2 \sum_R \frac{1}{r-R} \qquad (II.7)$$

$$V_H(r) = -e \int dr' \rho(r') \frac{1}{|r-r'|} \qquad (II.8)$$

D'une façon plus :

$$V_{eff}(\mathrm{r}) = V_H(r) + V_N(r) \qquad (II.9)$$

Avec ce potentiel effectif, l'équation de Schrödinger s'écrit :

$$-\frac{\hbar^2}{2m}\nabla^2\psi_i(r) + V_{eff}(\mathrm{r}) = E\psi_i(r) \qquad (II.10)$$

Le potentiel électronique dans l'approximation de Hartree est incomplètement décrit, l'une des interactions manquantes l'échange ; qui exprime l'antisymétrie de la fonction d'onde par rapport à l'échange des coordonnées de n'importe quelle deux électrons menant à décrire le système à N corps par :

$$\psi(r_1, \ldots, r_a, \ldots, r_b, \ldots, r_N) = -\psi(r_1, \ldots, r_b, \ldots, r_a, \ldots, r_N) \qquad (II.11)$$

Et puisque les électrons sont des fermions (spin ½), l'approximation de Hartree a été introduite pour prendre en compte le spin des électrons pour la résolution de l'équation de Schrödinger, mais le principe d'exclusion de Pauli n'est pas pris en compte dans cette approximation. D'après Hartree-fock la fonction d'onde s'écrit sous la forme d'un déterminant de Slater [5], ce déterminant comprend des fonctions d'ondes mono électroniques comme combinaisons linéaire de toutes les fonctions d'Hartree.

$$\psi = \frac{1}{\sqrt{N!}} \begin{vmatrix} \psi\,\Psi_1(1)\,\psi\,\Psi_2(2) & \ldots\ldots & \psi\,\Psi_1(N) \\ \psi_2(1)\,\psi\Psi_2(2) & \ldots\ldots & \psi\,\Psi_2(N) \\ \psi\,\Psi_N(1)\,\psi\Psi_N(1) & \ldots\ldots & \psi\,\Psi_N(N) \end{vmatrix} \qquad (II.12)$$

La complexité ajouté par la prise en compte de l'échange est considérable, Elle rend les calculs de type Hartree-Fock difficiles à mener pour les systèmes dépassant les petits ensembles de molécule.

II-5 La théorie de la fonctionnelle de densité (DFT) :

La théorie de la fonctionnelle de la densité La DFT [6,7] est une manière de décrire la matière dans son état fondamental, et consiste en la réduction du problème à plusieurs corps en un problème à un seul corps dans un champ effectif prenant en compte toutes les interactions. Elle a été établie en 1964 par les deux théorèmes de Hohenberg-Khon [8] et Khon et Sham [9]. Ces auteurs ont démontré qu'on peut obtenir l'énergie total à partir de la connaissance seule de la fonction de la densité électronique du système et à partir de là on déduit en principes toutes les autres propriétés physiques. Il est attractif d'utiliser cette densité donc on n'a pas besoin de connaitre la fonction d'onde mais seulement la densité électronique.

II-6 La densité électronique :

La densité électronique $\rho(r)$ est détermine la probabilité de trouver un des N électrons dans l'élément de volume dr et c'est une observable qui peut être mesurée expérimentalement (par diffraction des rayons X) ainsi que la densité électronique est une fonction positive de seulement trois variables d'espace qui tend vers zéro quand r tend vers l'infini et dont l'intégrale sur tout l'espace donne le nombre N d'électrons :

$$\begin{cases} \lim_{r \to \infty} \rho(r) = 0 \\ \int \rho(r)dr = N \end{cases} \quad (\text{II.}13)$$

II-7 Les deux théorèmes de Hohenberg et Kohn :

Théorème 1 :

Hohenberg et Kohn [8] ont prouvé que l'énergie électronique de l'état fondamental E_0, et toutes les autres propriétés électroniques de l'état fondamental sont uniquement déterminées par la connaissance de la densité électronique $\rho(r)$ en chaque point r du volume moléculaire. E_0 est une fonctionnelle de $\rho(r)$ et est représentée par $E_0[\rho(r)]$ avec $\rho = \rho(r)$. En pratique, on travaille avec la fonctionnelle $E[\rho]$ écrite sous une forme qui fait intervenir la contribution cinétique T_0 d'un système d'électrons sans interaction entre eux et la contribution coulombienne d'un système classique :

$$E[\rho] = T_0[\rho] + \frac{1}{2} \iint \frac{\rho(r)\rho(r')}{|r-r'|} \, drdr' + \int \rho(r)v(r) \, dr + E_{xc}[\rho] \quad (\text{II.}14)$$

Où $v(r)$ est le potentiel externe contenant les interactions avec les noyaux. La quantité $E_{xc}[\rho]$ est appelée « énergie d'échange-corrélation » et elle contient les effets d'échange et de corrélation ; mais aussi les contributions cinétiques et coulombiennes liées à l'interaction entre les électrons. On peut écrire l'énergie totale de Hohenberg et Kohn comme une fonctionnelle unique de la densité de charge des particules qui s''écrit :

$$E[\rho(r)] = F[\rho(r)] + \int V_{ext}(r)\rho(r)dr \qquad (II.15)$$

Ou $\int V_{ext}(r)\rho(r)dr$ représente l'intégration noyaux-électron, $F[\rho(r)]$ est une fonctionnelle de la densité $\rho(r)$ indépendante du potentiel externe $V_{ext}(r)$; elle contient les contributions cinétiques et coulombiennes a l'énergie :

$$F[\rho(r)] = T[\rho(r)] + V_{ee}[\rho(r)] = T[\rho(r)] + E_{Hartree}[\rho(r)] + E_{xc}[\rho(r)] \qquad (II.16)$$

Ou $T[\rho(r)]$ est l'énergie cinétique du système électronique et $V_{ee}[\rho(r)]$ est le terme d'interaction électrons-électrons qui comprend l'énergie de Hartree (c'est-à-dire la répulsion coulombienne électron-électron) et l'énergie d'échange et corrélation, $E_{xc}[\rho(r)]$ cette fonctionnelle n'est pas connue de façon exacte car les expressions de l'énergie d'échange-corrélation $E_{xc}[\rho(r)]$ ne sont pas connues exactement.

Théorème 2 :

La fonctionnelle de la densité $E[\rho(r)]$ est minimale pour la densité exacte. Donc on peut appliquer le principe variationnel.

$$\frac{\delta E[\rho]}{\delta \rho} = 0 \quad \text{avec} \quad \int \rho \, d^3 r = N \qquad (II.17)$$

L'énergie de l'état fondamental correspond au minimum de la fonctionnelle de la densité.

$$E_0 = \min E[\rho(r)] \qquad (II.18)$$

En résumé : toutes les propriétés d'un système défini par un potentiel externe v_{ext} peuvent être déterminées à partir de la densité électronique de l'état fondamental. L'énergie du système $E(\rho)$ atteint sa valeur minimale si et seulement si la densité électronique est celle de l'état fondamental. L'utilisation de cette approche variationnelle se limite à la recherche de l'énergie de l'état fondamental et pour être plus précis, ce raisonnement est limité à l'état fondamental pour une symétrie donnée.

Cependant, bien que ces théorèmes permettent d'approcher le système a N particules par la densité électronique, il est toutefois nécessaire de représenter le système avec ses fonctions d'ondes pour pouvoir résoudre les équations de Schrödinger. En ce sens, les travaux de Kohn et Sham [9] sont venus compléter ces deux théorèmes.

II-8 Les équations de Kohn et Sham :

Kohn et Sham [9] introduisirent un Hamiltonien de référence décrivant un système de N particules sans interaction mais ayant la même densité que le système réel. Ce dernier point permet de réduire le problème à la résolution de N équations monoélectroniques couplées, analogues aux équations de Hartree-Fock. L'opérateur de Kohn-Sham est alors défini par la relation suivante :

$$\left[-\frac{\hbar^2}{2m} \nabla^2 + V_{ext}(r) + V_H(r) + V_{xc}(r) \right] \psi_i(r) = \varepsilon_i \psi_i(r) \qquad (II.19)$$

$\psi_i(r)$: La fonction d'onde de l'électron i.
$V_{ext}(r)$: Le potentiel externe (contenant les interactions avec les noyaux).
$V_H(r)$: Le terme de HARTREE
$V_{xc}(r)$: Le potentiel d'échange et de corrélation.

$$V_H(r) = \int \frac{\rho(r_1)\rho(r_2)}{|r_1 - r_2|} dr_1 dr_2 \qquad (II.20)$$

Le potentiel d'échange-corrélation est obtenu à partir de la dérivée de l'énergie d'échange-corrélation E_{xc} par rapport à la densité :

$$V_{xc}(r) = \frac{\partial E_{xc}[\rho(r)]}{\partial \rho(r)} \qquad (II.21)$$

Donc les équations de Kohn –Sham peuvent s'écrire sous la forme :

$$H\psi_i(r) = -\frac{\hbar^2}{2m} \nabla^2 \psi_i(r) + V_{eff}(r) = E\psi_i(r) \qquad (II.22)$$

Où chaque électron subit l'effet du potentiel effectif créer par tous les noyaux et les autres électrons, ce potentiel est donné par :

$$V_{eff}(r) = V_{ext}(r) + \int \frac{1}{|r_i - r_j|} \rho(r_j) dr_j + V_{xc}(r) \qquad (\text{II.23})$$

On peut accéder à la densité à partir des N fonctions d'onde monoélectroniques :

$$\Phi_i(r) \rightarrow \rho(r) = \sum_{i=1}^{N} |\Phi i(r)|^2 \qquad (\text{II.24})$$

II-9 La Fonctionnelle d'échange et de corrélation :

L'élaboration des équations de kohn et sham a permis de mettre en évidence le fait que la seule fonctionnelle de la densité demeurant inconnue au sein de ce formalisme correspond à la fonctionnelle d'échange-corrélation [10] $E_{xc}[\rho(r)]$.

L'énergie d'échange et de corrélation E_{xc} est alors calculé à l'aide de fonctionnelles et généralement séparé en deux termes distincts, l'un d'échange E_x et l'autre de corrélation E_c.

$$E_{xc} = E_x + E_c \qquad (\text{II.25})$$

Ainsi, le calcul de l'énergie et du potentiel d'échange-corrélation repose sur un certain nombre d'approximations.

II-9.1 L'approximation de la densité locale (LDA) :

L'approximation de la densité locale dite « LDA » [11] stipule qu'en première approximation, la densité peut être considérée comme étant localement constante. On peut dès lors définir l'énergie d'échange-corrélation de la manière suivante :

$$E_{xc}^{LDA}[\rho(r)] = \int \rho(r) \varepsilon_{xc}^{LDA}[\rho(r)] d^3r \qquad (\text{II.26})$$

Où ε_{xc} est la densité d'énergie d'échange-corrélation. Seule la densité est prise en compte dans la fonctionnelle. Cette approximation découle directement du modèle du gaz homogène d'électrons. Par ailleurs, si l'on partitionne l'énergie d'échange-corrélation en deux (énergie d'échange ε_x et énergie de corrélation ε_c) telle que :

$$\varepsilon_{xc}^{LDA}(r) = \varepsilon_x^{LDA}(r) + \varepsilon_c^{LDA}(r) \qquad (\text{II.27})$$

II-9.2 l'approximation de la densité locale de spin (LSDA) :

Pour les systèmes magnétiques, les propriétés de l'état fondamental sont dues à la différence de population des niveaux de spin majoritaire et minoritaire. Pour d'écrire ces systèmes, on a recours à l'approximation de la densité locale de spin (LSDA).

La LSDA utilise le même principe que la LDA en différenciant les populations électroniques de spin haut et bas par des densités $\rho\uparrow$ et $\rho\downarrow$ dans le traitement de l'énergie d'échange-corrélation. L'énergie d'échange-corrélation est alors décrite par une fonctionnelle qui dépend à la fois des densités de spin haut et de spin bas.

$$E_{xc}^{LSDA}[\rho(r)\uparrow,\rho(r)\downarrow] = \int \rho(r)\varepsilon_{xc}^{LSDA}[\rho(r)\uparrow,\rho(r)\downarrow]d^3r \tag{II.28}$$

La fonctionnelle $\varepsilon_{xc}^{LSDA}[\rho(r)]$ peut-être constante, mais généralement elle est déterminée par des procédures de paramétrage comme celles de Kohn et Sham [9], Wigner [12], Hedin et Lundqvist [13], Ceperly et Alder [14], Perdew et Zunger [15].

II-9.3 Approximation du Gradient généralisé (GGA) :

Malgré la simplicité de la LDA, elle a donné des résultats fiables dans plusieurs cas, mais ils y avaient des cas où elle était en contradiction avec l'expérience. Pour cette raison le gradient de la densité d'électron a été introduit conduisant à l'approximation du gradient généralisé GGA ou l'énergie E_{xc} est en fonction de la densité d'électron et de son gradient :

$$E_{xc}^{GGA}[\rho(r)] = \int \rho(r)\varepsilon_{xc}^{hom}[\rho(r),\nabla\rho(r)]d^3r \tag{II.29}$$

$\varepsilon_{xc}^{GGA}[\rho(r),\nabla\rho(r)]$ étant là l'énergie d'échange et de corrélation dépendante de la densité électronique et son gradient. E_{xc}^{GGA} est divisé en deux contributions : échange et corrélation

$$E_{xc}^{GGA}[\rho,\nabla\rho] = E_x^{GGA}[\rho,\nabla\rho] + E_c^{GGA}[\rho,\nabla\rho] \tag{II.30}$$

La GGA est donnée par différentes paramétrisations, parmis-elles celles de Perdew et ces collaborateurs [16,17].

II-10 La Résolution des équations de Kohn-Sham :

Les méthodes basées sur la DFT sont classées suivant les représentations utilisées pour la densité, potentiel et surtout les orbitale Khon et sham. Le choix de la représentation est fait pour minimiser le cout de calcul tout en ayant une précision acceptable. La résolution des équations de Kohn et Sham nécessite le choix d'une base pour les fonctions d'ondes que l'on peut prendre comme une combinaison linéaire d'orbitales appelées orbitales de Kohn-Sham (KS) écrites sous la forme :

$$\psi_j(k,r) = \sum C_{ji}\Phi_i(k,r)$$

(II.31)

Où les $\Phi_i(k,r)$, sont les fonctions de base et les C_{ji} les coefficients de développement. La résolution des équations de Kohn et Sham revient à déterminer les coefficients C_{ji} pour les orbitales occupées qui minimisent l'énergie totale. La résolution des équations de KS pour les points de symétrie dans la première zone de Brillouin permet de simplifier les calculs. Cette résolution se fait d'une manière itérative en utilisant un cycle d'itérations auto cohérent illustré par l'organigramme de la (figure II.1) [18]. Ceci est réalisé en injectant la densité de charge initiale ρ_{in} pour diagonaliser l'équation séculaire :

$$(H - \varepsilon S) = 0_i$$

(II.32)

Où H représente la matrice hamiltonienne et S la matrice de recouvrement

$$\rho_{in}^{i+1} = (1 - \alpha)\rho_{in}^i + \alpha\rho_{out}^i$$

(II.33)

i : La i^{eme} itération

α : Un paramètre de mixage.

Ainsi la procédure itérative peut être poursuivie jusqu'à ce que la convergence soit réalisée. On peut représenter cette procédure par le schéma ci-après :

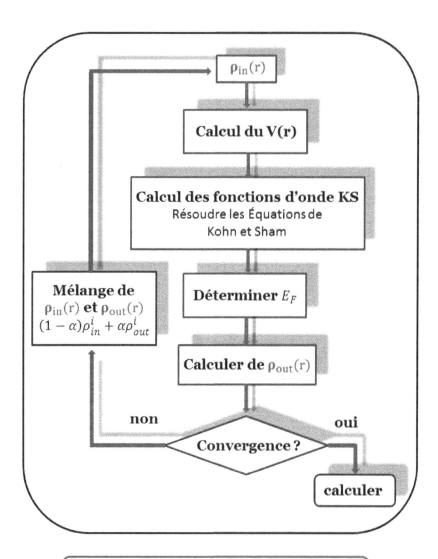

Figure II.1 : Cycle auto-cohérent de la théorie de la fonctionnelle de la densité (DFT)

Références

[1] Schrödinger, E.; Ann. Phys.; 1926; 79, 489; Schrödinger, E.; Ann. Phys.; 1926; 79,361.

[2] M. Born, J.R. Oppenheimer, Ann. Phys. 87, 457 (1927).

[3] D. R. Hartree, Proc. Combridge Philos. Soc. 24, 89 (1928).

[4] V. Fock, Z. Phys. 61, 126(1930); 62, 795 (1930).

[5] J. C. Slater, « Simplification of the Hartree-Fock Method », dans Phys. Rev., vol. 81, 1951, p. 385-390

[6] L. H. Thomas. Proc. Cambridge Philos. Soc 23 (1928) 542.

[7] E. Fermi. Z. Phys 48 (1928) 73.

[8] P. Hohenberg , W. Kohn, Phys. Rev. B 136,864 (1964).

[9] W. Kohn L.J. Sham, Phys. Rev. 140, A1133 (1965).

[10] John P. Perdew, Matthias Ernzerhof et Kieron Burke, « Rationale for mixing exact exchange with density functional approximations », dans J. Chem. Phys., vol. 105, 1996, p. 9982–9985

[11] L.J.Sham, W.Kohn, Phys.Rev 145 (1966) 561

[12] E. Wigner, Phys. Rev. 46, 1001 (1934).

[13] L. Hedin and B. Lundqvist, J. Phys. C 4, 2064 (1971).

[14] D. M. Ceperly and B. J. Alder, Phys. Rev. Lett. 45, 566 (1980).

[15] J. Perdew and A. Zunger, Phys. Rev. B 23, 5048 (1981).

[16] J. P. Perdew, J. A. Chevory, S. H. Vosko, K. A. Jackson, M. A. Perderson, D. J. Singh and C. Fiolhais, phys Rev. B.46 (1992) 6671.

[17] J. P. Perdew, S. Burke and M. Ernzerhof, Phys. Rev.Let.77 (1996) 3865.

[18] S. Cottenier, Density Functional Theory and the family of (L) APW-methods: a step-by-step introduction BelguimAugust 6, 2004.

Chapitre III

Méthode des Ondes Planes

Augmentées Linéarisées

(FP-LAPW)

III.1.Introduction :

Il est nécessaire d'étudier le comportement des électrons dans les solides pour comprendre les différentes propriétés de ces derniers. Plusieurs méthodes de calcul de structure électronique existent, leurs spécificités respectives se situent au niveau de la façon de représenter le potentiel, la densité électronique et surtout les orbitales mono électroniques de Kohn et Sham [1], qui sont classées en trois principaux types selon qu'elles nécessitent des résultats expérimentaux ou des données fondamentales :

➢ Les méthodes *empiriques* pour lesquelles les calculs nécessitent des résultats expérimentaux.

➢ Les méthodes *semi-empiriques* pour lesquelles les calculs nécessitent à la fois des résultats expérimentaux et des données fondamentales.

➢ Les méthodes *ab-initio* pour lesquelles les calculs nécessitent seulement les données fondamentales.

Parmi ces méthodes on trouve la méthode FP-LAPW (Full-Potential Linearized ugmented Plane Waves). Cette méthode trouve ses origines dans les travaux de Slater [2] reprise ensuite par Andersen [3], Est une modification de la méthode des ondes planes augmentées APW développée par Slater, Elle est considéré comme la méthode la plus précise à l'heure actuelle, alors il suffit de revoir les différentes aspects de la méthode APW avant d'exposer le principe de LAPW.

III.2. La méthode APW (Augmented Planes Waves):

À la recherche d'une base qui emploie des fonctions, autres que les ondes planes, en 1937, Slater a stipulé que la solution de l'équation de Schrödinger pour un potentiel constant est une onde plane, tandis que pour un potentiel sphérique c'est une fonction radiale. Cela fait introduire l'approximation de Muffin-tin (figure III-1).pour décrire le potentiel cristallin. Selon cette approximation le système se divise en deux régions, illustré sur la (figure III-2). La première région décrit les sphères centrées sur les sites atomiques dans lesquels les solutions radiales de l'équation de Schrödinger sont employées, le potentiel et les fonctions d'ondes sont de la forme Muffin-tin présentant

26

une symétrie sphérique à l'intérieure de la sphère MT de rayon R. La seconde décrit la région interstitielle restante avec l'expansion de base d'ondes planes et le potentiel est constant, la fonction d'onde s'écrit sous la forme :

$$\Psi(r) = \begin{cases} \dfrac{1}{\sqrt{\Omega}} \sum_{G} C_G e^{i(G+K)r} & r > R_\propto \\ \sum_{lm} A_{lm} U_l(r) Y_{lm}(r) & r < R_\propto \end{cases} \qquad \text{(III-1)}$$

$R_\propto$ Représente le rayon de la sphère MT, Ω est le Volume de la maille unitaire. Y_{lm} Représente les Ondes planes et la fonction.

C_G et A_{lm} : sont Les coefficients du développement en harmoniques sphériques. $U_l(r)$ est une solution régulière de l'équation radiale de Schrödinger qui s'écrit sous la forme:

$$\left\{ \dfrac{-d^2}{d_{r^2}} + \dfrac{l(l+1)}{r^2} + V(r) - E_l \right\} r U_l(r) = 0 \qquad \text{(III-2)}$$

$V(r)$: représente le potentiel Muffin-tin et E_l p a r a m è t r e   d ' é n e r g i e .

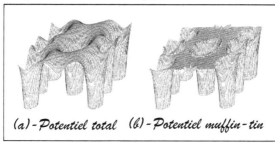

(a) - Potentiel total   (b) - Potentiel muffin-tin

Figure (III-1) : potentiel cristallin d'un réseau carré à trois dimensions

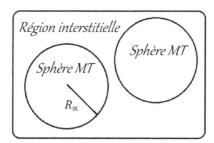

Figure (III-2) : potentiel << Muffin-tin >>

27

L'utilisation de ces fonctions a justifié par Slater en stipulant que les ondes planes sont des solutions de l'équation de Schrödinger lorsque le potentiel est constant. Tandis que les fonctions radiales sont les solutions dans le cas d'un potentiel sphérique, lorsque E_l est égale à une valeur propre E.

Les coefficients A_{lm} sont déterminés d'une manière à assurer la continuité des fonctions d'ondes aux limites de la sphère MT, les coefficients A_{lm} sont développés en fonction des coefficients C_G des ondes planes existantes dans les régions interstitielles. On obtient donc la relation suivante :

$$A_{lm} = \frac{4\pi i^l}{\Omega^{1/2} U_l(R_\alpha)} \sum_G C_G J_l(|K + G|R_\alpha) Y_{lm}^\mu(k + G) \tag{III-3}$$

J_l : La fonction de Bessel.

R_α : Représente le rayon de la sphère MT.

Où l'origine est prise au centre de la sphère et R est son rayon, ainsi les coefficients A_{lm} sont déterminés à partir de ceux des ondes planes C_G. Les paramètres d'énergie E_l sont appelés les coefficients variationnels de la méthode APW.

Les fonctions individuelles, étiquetées par G deviennent ainsi compatibles avec les fonctions radiales dans les sphères, Une onde plane dans la région interstitielle et une fonction radiale dans la région sphérique on obtient alors des ondes planes augmentées (APWs).

Les fonctions APWs sont des solutions de l'équation de Schrödinger dans les sphères, mais seulement pour l'énergie E_l. Cette énergie doit être égale à celle de la bande d'indice G, et par conséquent les bandes d'énergies ne peuvent pas obtenue par une simple diagonalisation, ceci implique de traiter le déterminant séculaire comme une fonction de l'énergie.

La méthode APW présente quelques difficultés liées à la fonction $U_l(R_\alpha)$ qui apparait au dénominateur de l'équation (III-3). En effet, suivant la valeur du paramètre E_l la valeur de $U_l(R_\alpha)$ peut devenir nulle à la surface de la sphère MT, entraînant une séparation des fonctions radiales par rapport aux fonctions d'onde plane. Afin de surmonter ce problème plusieurs modifications à la méthode APW ont été apportées notamment celles proposées par Koelling et Abrman [4] et par Andersen [5]. La modification consiste à représenter la fonction d'onde φ(r) à l'intérieur des sphères par une combinaison linéaire des fonctions radiales $U_l(R_\alpha)$ et de leurs dérivées par rapport à l'énergie $U_l(R_\alpha)$, donnant ainsi naissance à la méthode FP-LAPW.

III.3. La Méthode des ondes planes augmentés linéarisées (FP-LAPW) :

Dans le cadre de ses études menées en 1975, Anderson [5] a proposé une méthode dans laquelle les fonctions de bases ainsi que leurs dérivés sont continués en les égalisant pour une énergie fixe. Ce choix résout les problèmes rencontrés dans la méthode APW en donnant ainsi une méthode de structure des bandes, flexible et exacte. Cette méthode est appelée la méthode linéaire des ondes planes augmentées LAPW. La fonction de base de la Méthode FP-LAPW possède des ondes planes dans la région interstitielle comme dans la méthode APW et harmoniques sphériques dans les sphères Ces fonctions sont des combinaisons linéaires des fonctions radiales $U_l(r)Y_{lm}(r)$et leur dérivé $\dot{U}_l(r)Y_{lm}(r)$ par rapport à l'énergie. Les fonctions U_l sont définies comme dans la méthode APW mais avec E_l fixe et $U_l(r)Y_{lm}(r)$ doit satisfaire la condition suivante :

$$\left\{\frac{-d^2}{dr^2} + \frac{l(l+1)}{r^2} + V(r) - E_l\right\} r\dot{U}_l(r, E_l) = rU_l(r, E_l) \qquad \text{(III-4)}$$

Les fonctions d'ondes augmentées deviennent les fonctions de base de la méthode FP-LAPW :

$$\Psi(r) = \begin{cases} \dfrac{1}{\sqrt{\Omega}} \displaystyle\sum_G C_G e^{i(G+K)r} & r > R_\alpha \\ \displaystyle\sum_{lm} [A_{lm}U_l(r, E_l) + B_{lm}\dot{U}_l(r, E_l)]Y_{lm}(r) & r < R_\alpha \end{cases} \qquad \text{(III-5)}$$

A_{lm}, B_{lm}: sont les coefficients corresponds respectivement aux fonctions $U_l, \dot{U}_l$. Les fonctions (FP-LAPW) sont des ondes planes uniquement dans les zones interstitielles comme dans la méthode APW. Et par conséquent, la fonction U_l peut être développée en fonction de sa dérivé $\dot{U}_l$ et de l'énergie E_l.

$$U_l(E,r) = U_l(E_l,r) + (E - E_l)\dot{U}_l(E,r) + O((E - E_l)^2)$$

(III-6)

Où $O((E - E_l)^2)$ représente l'erreur quadratique énergétique

La méthode LAPW assure ainsi la continuité de la fonction d'onde à la surface de la sphère MT. Mais la méthode LAPW entraîne une erreur de l'ordre de $(E - E_l)^2$ sur les fonctions d'onde et une autre de l'ordre de $(E - E_l)^4$ sur les énergies de bandes. Malgré cet inconvénient, les fonctions LAPWs forment une bonne base permettant avec une seule E_l, d'obtenir toutes les bandes de valence dans un intervalle d'énergie assez large.

Maintenant si on compare les deux méthodes APW et LAPW, cette dernière est plus avantageuse car :

> ➢ Dans la méthode APW il est nécessaire de calculer l'énergie pour chaque bande, par contre dans la méthode LAPW, sont obtenues avec une seule diagonalisation.
> ➢ La base de la méthode LAPW possède une grande flexibilité par rapport à celle de la méthode APW à l'intérieur de la sphère. Ceci provient du fait que les fonctions de base de la FP-LAPW possèdent plus de liberté varitionnelle que celle de la méthode APW ou le paramètre E_l est fixe au lieu d'être variationnel.
> ➢ Le temps de calcul est environ trois fois moins que celui de la méthode APW.
> ➢ Lors du passage de la méthode LAPW à la APW, l'erreur introduite est de l'ordre $(E - E_l)^2$ pour les fonctions d'ondes et $(E - E_l)^4$ pour les énergies de bandes.
> ➢ Le problème de l'asymptote dans la méthode LAPW est éliminé par l'introduction de la dérivée de la fonction par rapport à l'énergie qui garantit le non découplement des ondes planes avec les fonctions radiales.

iii.4. Les rôles de l'énergie de linéarisation :

Les fonctions U_l et $\dot{U}_l$ sont orthogonales à n'importe quel état de cœur strictement limité à la sphère MT. Mais cette condition n'est satisfaite que dans le cas où il n'y a pas d'états de cœur avec le même l, et par conséquent, on prend le risque de confondre les états de semi-cœur avec les états de valence. Ce problème n'est pas traité par la méthode APW, alors que la non orthogonalité de quelques états de cœur dans la méthode FP-LAPW exige un choix délicat de E_l. Dans ce cas, on ne peut pas effectuer le calcul sans modifier E_l. La solution idéale dans de tels cas est d'utiliser un développement en orbitales locales. Cependant, cette option n'est pas disponible dans tous les programmes, et dans ce cas, on doit choisir un rayon de la sphère le plus grand possible.

Le chevauchement entre les états du cœur et les bases LAPW conduit à l'application de faux états du cœur, c'est ce qu'on appelle les bandes fantômes [6]. Ces derniers sont facilement identifiés, elles ont une très petite dispersion et sont hautement localisées dans la sphère, et ont un caractère *l* de l'état du cœur. Cependant si le paramètre d'énergie E_l est égal à l'énergie de l'état du cœur, ce problème est résolu.

L'efficacité du calcul réalisé à partir de la base LAPW dépend comme de nombreuses autres méthodes de calcul de structure de bandes électroniques, du nombre de fonctions de base utilisées. Ce dernier est déterminé par la forme de la densité électronique (ou du potentiel) sur les surfaces des sphères atomiques. On rencontre ce genre de problème par exemple avec les matériaux à orbitales 4f [7,8], ainsi qu'avec les éléments des métaux de transition [9,10,11]. Ce problème peut s'amplifier lorsque le système considéré est caractérisé par certaine distance interatomique élevée tandis que d'autres distances de liaison appartenant à des régions différentes du système sont courtes. La méthode LAPW n'est adaptée au traitement des états de semi-cœur. La méthode LAPW+LO, établie par Singh [12] offre un meilleur traitement du problème comparativement à une résolution à partir de la méthode LAPW.

III.5. La Méthode LAPW+LO :

Les états électroniques sont classés en trois catégories : les états de cœur, les états semi-cœur et les états de valence. Les états du cœur sont complètement enfermés à l'intérieur de la sphère « Muffin-tin », ils sont caractérisés par le fait qu'ils ne participent pas directement dans la liaison chimique avec les autres atomes et ils sont traités comme s'ils étaient dans un atome libre, toutefois ils sont soumis à un potentiel extérieur due aux états de valence. Les états de valence sont situés à l'extérieur de la sphère « Muffin-tin » et participent directement à la liaison chimique. Les états semi-cœur sont des états intermédiaires entre ceux du cœur et ceux de valence, ils ont une énergie plus haute que celle des états du cœur avec un nombre quantique principal plus faible que celui des états de valence. On peut citer à titre d'exemple les états p du cuivre : une option est de traiter les états de faible énergie 3p comme des états de cœur en construisant une base incluant les états 4p dans la valence. Cependant, il existe, dans ce cas, une fraction non négligeable de charge en dehors de la sphère atomique « Muffin-tin » dans la mesure où les états 3p sont d'énergie trop élevée pour être confinés dans cette sphère. Une autre possibilité serait d'envisager le traitement des états 3p et 4p dans la région de valence mais la base manquerait alors de flexibilité pour traiter une telle situation. Pour résoudre ce problème, Singh [12] a proposé une combinaison linéaire de deux fonctions radiales correspondant à deux énergies différentes et de la dérivée par rapport à l'énergie de l'une de ces fonctions c'est ce qu'on appelle le concept des orbitales locales (LO) pour décrire ces états de semi-cœur et ce qui donne naissance à la méthode LAPW+LO,

$$\Psi_{lm}^{\propto,LO}(r) = \begin{cases} 0 & r > R_{\propto} \\ \left(A_{lm}^{\propto,LO} U_l^{\propto}\left(r, E_{1,l}^{\propto}\right) + B_{lm}^{\propto,LO} \dot{U}_l^{\propto}\left(r, E_{1,l}^{\propto}\right) + C_{lm}^{\propto,LO} U_l^{\propto}\left(r, E_{2,l}^{\propto}\right) \right) Y_{lm}(r) & r < R_{\propto} \end{cases}$$ (III-7)

Où $E_l^{\propto}$ est choisir dans la zone d'énergie des états de semi-cœur, les coefficients C_{lm} sont de la même nature que les coefficients A_{lm}, B_{lm} définis précédemment. Par ailleurs, cette modification diminue l'erreur commise dans le calcul des bandes de conduction et de valence. Cette amélioration de la méthode LAPW est à l'origine du succès de la méthode de linéarisation basée sur la méthode LAPW dans la mesure où elle permet d'étendre cette méthode originelle à une catégorie de composés beaucoup plus large.

III.6. La méthode APW+lo :

Le problème de la méthode APW était la dépendance en énergie de l'ensemble des fonctions de base. Cette dépendance a pu être éliminée dans la méthode LAPW+LO, au prix d'un plus grand ensemble des fonctions de base.

Récemment, une approche alternative est proposée par Sjösted et al. [13] nommée la méthode APW+lo. Dans cette méthode LAPW+LO, L'ensemble des fonctions de base sera indépendant en énergie et a toujours la même taille que celui de la méthode APW. Dans ce sens APW+lo combine les avantages de la méthode APW et ceux de la méthode LAPW+LO.et L'ensemble des fonctions de base des APW+lo contient les deux types de fonctions d'ondes. Les premières sont des ondes planes augmentées

APW, avec un ensemble d'énergies E_l fixées:

$$\varphi(r) = \begin{cases} \dfrac{1}{\sqrt{\Omega}} \displaystyle\sum_{G} C_G e^{i(G+K)r} & r > R_\alpha \\[2mm] \displaystyle\sum_{lm} [A_{lm} U_l(r, E_l)] Y_{lm}(r) & r < R_\alpha \end{cases} \tag{III-8}$$

Le deuxième type de fonctions sont des orbitales locales (lo) différentes de celle de la méthode LAPW+LO, définies par :

$$\Psi_{lm}^{\alpha,LO}(r) = \begin{cases} 0 & r > R_\alpha \\[2mm] \left(A_{lm}^{\alpha,LO} U_l^{\alpha}\left(r, E_{1,l}^{\alpha}\right) + B_{lm}^{\alpha,LO} \dot{U}_l^{\alpha}\left(r, E_{1,l}^{\alpha}\right) \right) Y_{lm}(r) & r < R_\alpha \end{cases} \tag{III-9}$$

Les deux coefficients $A_{lm}^{\alpha,LO}$ et $B_{lm}^{\alpha,LO}$ sont déterminés par normalisation, et en considérant que l'orbitale locale ait une valeur zéro en bord de sphère muffin-tin (mais sa dérivée est non nulle). Désormais, l'APW ainsi que l'orbitale locale sont continués en bord de sphère, tandis que leurs dérivées ne le sont pas.

En revanche la méthode LAPW est bien adaptée aux états s et p. Dans ce cas l'utilisation des APW+lo n'est pas nécessaire, et devient même plus coûteuse ; on ajoute 2l+1 orbitales à la base sans réduire de façon significative le Gmax. La méthode la plus efficace consiste donc à utiliser des fonctions LAPW pour des états relativement délocalisés, et des APW+lo pour des états localisés.

III.7. Représentation du potentiel et de densité de charge :

Dans la méthode LAPW la solution consiste à utiliser une représentation duale pour la densité de charge et le potentiel qui doivent avoir la même flexibilité que les fonctions d'ondes dans les deux régions. Pour cela un développement en ondes planes est utilisé dans la région interstitielle et un développement en harmoniques sphériques à l'intérieur des sphères. Hors Ceci engendrera un nombre important de paramètres qui nécessitera l'utilisation des symétries suivantes pour réduire ce nombre:

- ✓ à l'intérieur de la sphère, la densité a la symétrie du site.
- ✓ la densité interstitielle a la symétrie du groupe d'espace.
- ✓ la densité est une quantité réelle.
- ✓ Les densités des atomes équivalentes sont identiques.

III.7.1. Détermination du potentiel :
III.7.1.1 La résolution de l'équation de Poisson :

Le potentiel utilisé dans les équations de Kohn et Sham comprend le terme d'échange et de corrélation, et le terme coulombien $V_C(r)$. Le terme coulombien est la somme du potentiel de Hartree $V_H(r)$ et du potentiel nucléaire.

V_C (r) est déterminé par l'équation de Poisson à partir de la densité de charge (électronique et nucléaire) :

$$\nabla^2 V_C(r) = 4\pi\rho(r) \tag{III-10}$$

L'intégration de cette équation est seulement possible dans l'espace réciproque. La méthode de résolution dite de la « pseudo-charge » due à Hamann [14] et Weinert [15] est basée sur trois observations :

- ✓ La densité de charge est continue et varie lentement dans la région interstitielle et beaucoup plus rapidement dans les sphères.
- ✓ Le potentiel coulombien dans la région interstitielle dépend à la fois de la charge interstitielle et du multipôle de la charge à l'intérieur de la sphère.
- ✓ Une combinaison linéaire d'ondes planes décrit complètement la densité de charge interstitielle.

Dans la région interstitielle, la densité de charge est développée en série de Fourier

$$\rho(r) = \sum_G \rho(G)e^{iG.r} \tag{III-11}$$

Les ondes planes $e^{iG.r}$ sont calculées à partir de la fonction de Bessel j_l

$$\int_0^R r^{l+2} j_l(Gr)dr = \begin{cases} \dfrac{R^{l+3} j_l(Gr)}{Gr} & G \neq 0 \\ \dfrac{R^3}{3}\delta_{l,0} & G = 0 \end{cases} \tag{III-12}$$

Alor

$$e^{iG.r} = 4\pi e^{iG.r\alpha} \sum_{lm} i^l(|G\|r\text{-}r_\alpha|)Y_{lm}^*(G)Y_{lm}(r\text{-}r_\alpha) \tag{III-13}$$

Où r est la coordonnée radiale, r_α la position de la sphère α .

$$V_c(G) = \frac{4\pi\rho(G)}{G^2} \qquad \text{(III-14)}$$

Le potentiel interstitiel V_{PW} a été trouvé direct

$$V_{PW} = \sum_{lm} V_{lm}^{PW}(r) Y_{lm}(r) = \sum_{\nu} V_{\nu}^{PW}(r) K_{\nu}(r) \qquad \text{(III-15)}$$

Soit

$$K_{\nu}(r) = \sum_{m} C_{\nu m} Y_{lm}(r) \qquad \text{(III-16)}$$

Donc

$$V_{\nu}^{PW}(r) = \sum_{lm} C_{\nu,m} V_{lm}^{PW}(r) \qquad \text{(III-17)}$$

On détermine le potentiel à l'intérieur de la sphère MT par l'utilisation de la fonction de Green.

$$V_{\nu}(r) = V_{lm}^{PW}(r) \left[\frac{r}{R}\right]^l + \frac{4\pi}{2l+1}\left\{\frac{1}{r^{l+1}}\int_0^r dr'r'^{l+2}\rho_{\nu}(r') + r^l\int_r^R dr'r'^{l-1}\rho_{\nu}(r') - \frac{r^l}{R^{2l+1}}\int_0^{R} dr'r'^{l+2}\rho_{\nu}(r')\right\} \quad \text{(III-18)}$$

Où les $\rho_{\nu}(r)$ sont les parties radiales de la densité de charge.

III.7.1.2. Potentiel d'échange et de corrélation :

Dans l'approximation de la densité locale (LDA), le potentiel d'échange et de corrélation est linéaire contrairement au potentiel coulombien. Il doit donc être calculé dans l'espace réel où il est heureusement diagonal. La procédure est illustrée par le diagramme de la figure (III-3). La représentation de la charge interstitielle dans l'espace réel est obtenue directement à partir de la transformation de Fourier [16,17].

Mattheiss [18] a utilisé la formule de Wigner [19] pour obtenir le potentiel interstitiel d'échange et de corrélation suivant :

$$V_{xc} = -\rho^{1/3}\left[0.984 + \frac{0.943656 + 8.8963\rho^{1/3}}{(1 + 12.57\rho^{1/3})^2}\right] \qquad \text{(III-19)}$$

A l'intérieur des sphères, la même procédure est appliquée avec des valeurs différentes de ρ et un potentiel à symétrie sphérique.

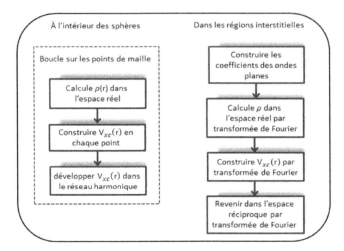

Figure III-3 : Calcul du potentiel d'échange et de corrélation

III.8. Autres Méthodes :

Il existe plusieurs d'autres méthodes de calcul parmi elles :

- ❖ Les méthodes basées sur une combinaison linéaire d'orbitales atomiques (LCAO) [20,21], utilisables par exemple pour les états «d» des métaux de transition.
- ❖ Les méthodes dérivées des ondes planes orthogonalisées (OPW) [21,22] mieux adaptées aux bandes de conduction de caractère « s-p » des métaux simples.
- ❖ Les méthodes cellulaires du type ondes planes augmentées (APW) [23] et la méthode de la fonction de Green de Korringa, Kohn et Rostoker (KKR) [24,25], applicables à une plus grande variété de matériaux.
- ❖ Les méthodes linéarisées mises au point par Andersen [26], Ondes planes augmentées avec linéarisation (LAPW) et orbitales «Muffin-Tin» linéarisées (LMTO), permettent de gagner plusieurs ordres de grandeur dans les temps de calcul.

En conclusion ; toutes ces méthodes de calcul peuvent être classées en trois groupes (qui ont exprimé à l'introduction de ce chapitre) selon la méthode utilisée pour la détermination du potentiel.

Code Wien2K

La méthode FP-LAPW a été implémentée dans le code WIEN, un ensemble de programmes élaborés par Blaha, Schwarz et leurs collaborateurs [27]. Il existe plusieurs versions du code WIEN dont le WIEN97 [28], qui a été par la suite amélioré pour donner le WIEN2k [29]. L'organigramme de celui-ci est représenté schématiquement dans la figure II.5. Les différents programmes indépendants que comprend le code WIEN sont liés par le C-SHELL SCRIPT. Ils peuvent être exécutés en utilisant soit une architecture séquentielle ou parallèle. La procédure de calcul passe par trois étapes :

1-L'initialisation : elle consiste à construire la configuration spatiale (géométrie), les opérations de symétrie, les densités de départ, le nombre de points spéciaux nécessaires à l'intégration dans la zone irréductible de Brillouin...etc. Toutes ces opérations sont effectuées grâce à une série de programmes auxiliaires qui génèrent :

NN : un sous-programme permettant de vérifier les distance entre plus proches voisins et les positions équivalentes (le non chevauchement des sphères) ainsi que de déterminer le rayon atomique de la sphère.

LSTART: il permet de générer les densités atomiques ; il détermine aussi comment les différentes orbitales atomiques sont traitées dans le calcul de la structure de bande.

SYMMETRY: il permet de générer les opérations de symétrie du groupe spatial et de déterminer le groupe ponctuel des sites atomiques individuels.

KGEN : il génère le nombre de points k dans la zone de Brillouin.

DSART : il génère une densité de départ pour le cycle auto-cohérent (le cycle SCF) par la superposition des densités atomiques générées dans LSTART.

2-Calcul auto-cohérent (ou self-consistant) : dans cette étape, les énergies et la densité électronique de l'état fondamental sont calculées selon un critère de convergence (énergie, densité de charge, force). Les sous programmes utilisés sont :

LAPW0 : il génère le potentiel pour le calcul de la densité.

LAPW1 : il permet de calculer les bandes de valence, les valeurs propres et les vecteurs propres.

LAPW2 : il calcule les densités de valence pour les vecteurs propres.

LCORE : il calcule les états et les densités de cœur.

MIXER : il effectue le mélange des densités d'entrée et de sortie (de départ, de valence et de cœur).

3- Détermination des propriétés : une fois le calcul auto-cohérent achevé, les propriétés de l'état fondamental (densité de charges, structure de bandes, propriétés optiques… etc.) sont alors déterminées.

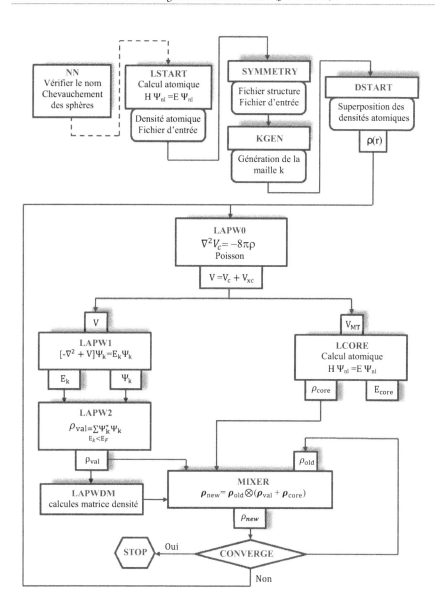

Figure III-4 : L'Organigramme du code Wien2k.

Références

[1] Kohn, W.; Sham, L. J.; Phys. Rev.; 1965; 140; 1133.

[2] J. C. Slater, Wave Function in a Period, Phys. Rev. , Vol. 51, 1937.

[3] O.K. Andersen, Phys. Rev. B 12, 3060 (1975).

[4] D.D. Koelling and G.O. Arbman, J. Phys. F 5, 2041 (1975).

[5] K. Andersen, Phys. Rev. B 12, 3060 (1975).

[6] P. Blaha, K. Schwarz and R. Augustyn, Computer Code WIEN93, Technical University.

[7] D.J. Singh, Phys. Rev. B 44, 7451 (1991).

[8] S. Goedecker and K. Maschke, Phys. Rev. B 42, 8858 (1990).

[9] D.J. Singh Krakauer, Phys. Rev. B 43, 1441 (1991).

[10] P. Blaha, D.J. Singh, P.I. Sorantin and K. Schwarz, Phys. Rev. B 46, 1321 (1992).

[11] D.J. Singh, K. Shwarz and P. Blaha, Phys. Rev. B 46, 5849 (1992).

[12] D. Singh, Phys. Rev., B 43, 6388 (1991).

[13] E. Sjösted, L. Nordström and D. J. Singh, Solid State Commun. 114, 15 (2000).

[14] D. R Hamann, Phys. Rev. Lett. 212, 662 (1979).

[15] M. J. Weinert, Math Phys. 22, 2433 (1981).

[16] R.C. Singleton, IEEE Trans. Audo Electroacoust. AU-17, 93 (1969).

[17] A.D. Mclaren, Math. Comp. 17, 361 (1963).

[18] L.F. Mattheiss and D.R. Hamann, Phys. Rev. B 33, 823 (1986).

[19] E. Wigner, Phys. Rev. 46. 1002 (1934).

[20] V. Antonov, B. Harmon et A. Yarekon, Electronic structure and magneto-OpticaL; Properties of Solids.Kluwer Academic Publishers (2004).

[21] F. Bloch, Z. Phys. 52, 555 (1928). [22] J. C. Slater, « Quantum Theory of Molecules and Solids », V2, Ch. 8 (1965).

[22] C. Herring, Phys. Rev. 57, 1169 (1940).

[23] J. C. Slater, Phys. Rev. 51, 846 (1937).

[24] J. Korringa, Physica 13, 392 (1947).

[25] F. S. Ham, B. Segall, Phys. Rev. 124, 1786 (1961).

[26] O. K. Andersen, Solide State Commun. 13, 133 (1973); Phys. Rev. B 12, 3060 (1975). (1975).

[27] P. Blaha, K. Schwarz and R. Augustyn, Computer Code WIEN93, Technical University

[28] P. Blaha, K. Schwarz, P. Dufek and J. Luitz, WIEN97, Technical University, Vienna, (1997).

[29] P. Blaha, K. Schwarz, G.K.H. Madsen, D. Kvasnicka and J. Luitz, WIEN2k, an Augmented Plane Wave + Local Orbitals Program for Calculating Crystal Properties, Karlheinz Schwarz, Techn. University at Wien, Austria, ISBN 3-9501031-1-2 (2001).

Chapitre IV

Résultats et discutions

IV.1- Détails de calculs :

Dans ce chapitre de notre présent travail, tous nos résultats ont été effectués en utilisant la méthode FP-LAPW+l_0 dans le cadre de la théorie de la fonctionnelle de la densité (DFT). Nous avons effectué des calculs scalaires relativistes dans lesquelles le potentiel d'échange et de corrélation a été traité en utilisant l'approximation de la densité locale de spin (LSDA) paramétrée par **Predew et al [1]**. Dans la LSDA+U la répulsion coulombienne qui est grande entre les états f localisées est traitée par l'addition du terme de Hubbard au potentiel effective, ce qui donne une nouvelle description des effets de corrélations dans les métaux de transition oxydées **[2]**. Les calculs à spin polarisé, ont été effectués en utilisant deux densités de spin majoritaire (spin↑) et de spin minoritaire (spin↓), et deux équations à une particule ont été résolus d'une manière auto-cohérente. Dans ce contexte, notre étude a pour but de calculer par la méthode FP-LAPW les propriétés structurales (paramètre de maille, module de compressibilité, et sa drivé) et électroniques à l'équilibre des composées EuAs, GdAs, TbAs et DyAs dans la phase NaCl.

Les fonctions de base dans la méthode FP-LAPW sont développées en des combinaisons de fonctions d'harmoniques sphériques à l'intérieur des sphères non chevauchées entourant les sites atomiques et en séries de Fourier dans la région interstitielle. Nous avons pris l_{max}=10. Pour obtenir la convergence des valeurs propres, les fonctions d'ondes dans la région interstitielle sont étendues en ondes planes avec une énergie de coupure $k_{max}=8/R_{mt}$ où R_{mt} est le rayon moyen des sphères muffin-tin, et puisque la convergence de l'énergie totale par maille du cristal dépend du nombre de points K employés dans le calcul, l'échantillonnage de la zone de Brillouin à été fait avec soin en utilisant la technique des points spéciaux de **Monkhorst et Pack [3,4]**.

Les configurations électroniques des composés ReAs (Re : Eu, Gd, Tb, Dy) :

Eu : (Xe) $4f^7 6s^2$

Gd : (Xe) $4f^7 5d^1 6s^2$

Tb: (Xe) $4f^9 6s^2$

Dy: (Xe) $4f^{10} 6s^2$

As: (Ar) $3d^{10}\ 4s^2\ 4p^3$

On a traité les états Re (5s,5p,4f,5d,6s), As (3d,4s,4p) comme étant des états de valence.

Dans nos calculs, tous les composés ont été étudiés dans la structure NaCl, Dans le cas des ions terres rares Re (terres rares : Eu, Gd, Tb, Dy) nous avons utilisés des rayons muffin-tin R_{MT}, de 2.33, pour l'arsenic (As) 2.3. En ce qui concerne $R_{mt} * K_{max}$ et les K points nous avons utilisés $R_{mt} * K_{max}$ égale à 8.

Le choix des rayons MT a été effectué en respectant quelques conditions :

➢ La charge des états du cœur doit être confinée à l'intérieur des sphères.

➢ Entre les sphères il ne doit pas y avoir de chevauchement.

Pour les K points, on a fait des tests de convergence pour les quatre matériaux voir figure (IV-1).

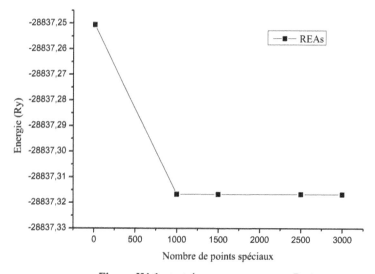

Figure IV-1 : test de convergence pour ReAs

Dans nos calculs, les binaires ont été étudiés dans la structure cubique à face centrée dans la phase NaCl voir figure(IV-2).

43

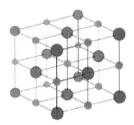

Figure IV-2: Schémas de la structure NaCl.

Pour la approche LSDA+U, nous avons utilisés les valeurs suivantes [1] :

Matériaux	U(eV)	J(eV)	Ueff(eV)
Eu	8.506	1.109	7,4
Gd	9.200	1.200	8
Tb	9.460	1.256	8,2
Dy	9.320	1.217	8,1

Tableau IV.1 : Valeurs des paramètres U et J utilisées

IV.2- Propriétés structurales :

La compréhension de caractéristiques structurales est très important pour expliquer les propriétés physique de point de vu microscopique et pour cela nous sommes intéressé dans cette partie de déterminer les paramètres d'équilibre structurale de nos matériaux. Dans cette étude nous avons effectué un calcul self-consistent de l'énergie totale pour plusieurs valeurs du paramètre du réseau a prises au voisinage de la valeur expérimentale. Dans nos calculs l'optimisation structurale nécessite la détermination de l'état fondamentale, ce qui a conduit à définir le paramètre structural (a), le module de compressibilité (B) et sa dérivée (B'), ces paramètres sont calculés en ajustent l'énergie totale en fonction de volume par l'équation de Murnaghan [2] :

$$V = V_0 \left(1 + \frac{B'P}{B} \right)^{1/B'} \qquad 4.1$$

B est donné par l'équation suivante :

$$B = V \frac{\partial^2 E}{\partial V^2} \qquad\qquad 4.2$$

B' est déterminé d'après cette équation :

$$E(V) = E_0 + \frac{B}{B'(B'-1)}\left[V\left(\frac{V_0}{V}\right)^{B'} - V_0\right] + \frac{B}{B'}(V - V_0) \qquad\qquad 4.3$$

Une description détaillée des différentes approximation utilisée et paramètres structuraux trouvée sont fournis dans le tableau **4.2**. Ces dernières sont comparées avec autres résultats expérimentale et théorique **[5,6,7,8]**. Dans l'approximation LSDA et LSDA+U on remarque que les paramètres du réseau sont légèrement sous-estimés et les modules de compressibilité surestimés par rapport aux valeurs expérimentales on ce qui concerne le GdAs en général et au vu des résultats obtenus, on peut dire qu'on a un bon accord avec les données expérimentales et théoriques **[5,6,7,8]**.

matériaux	approximation	a(A^0)	B(Gpa)	B'
EuAs	Nos calculs (LSDA)	5.887	64.75	4.47
	Nos calculs (LSDA+U)	6.038	49.98	4.86
GdAs	Nos calculs (LSDA)	5.773	88.00	5.06
	Nos calculs (LSDA+U)	5.789	90.73	5.16
	Exp.	5.848[a]	87.51[a]	2.27[a]
	autres	5.863[b]	83.40[b]	4.80[b]
TbAs	Nos calculs (LSDA)	5.67	79.91	4.16
	Nos calculs (LSDA+U)	5.63	89.66	4.16
DyAs	Nos calculs (LSDA)	5.65	78.80	4.68
	Nos calculs (LSDA+U)	5.65	82.41	4.52

[a]Référence **[3]**. [b]Référence **[4]**.

Tableau IV.2 : le paramètre du réseau, le module de compressibilité, sa dérivée

Nous remarquons aussi que les paramètres du réseau diminuent avec l'augmentation du nombre atomique des ions terres rares en passant du Eu au Dy, contrairement au module de compressibilité qui lui augmente avec le nombre atomique de l'ion terre rare. Les figures **4.3, 4.4, 4.5, 4.6, 4.7, 4.8, 4.9** et **4.10** montrent la variation de l'énergie totale en fonction du volume pour nos matériaux.

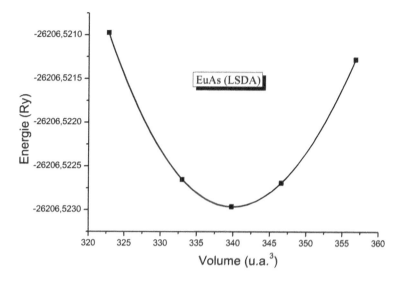

Figure IV.3: La variation de l'énergie totale de EuAs en fonction du volume dans LSDA.

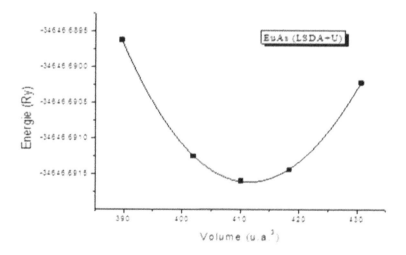

Figure IV.4: La variation de l'énergie totale de EuAs en fonction du volume dans LSDA+U.

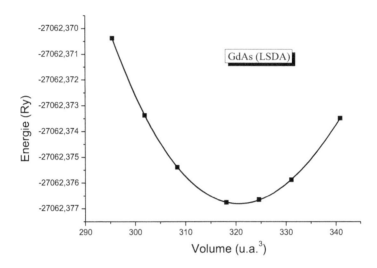

Figure IV.5: La variation de l'énergie totale de GdAs en fonction du volume dans LSDA.

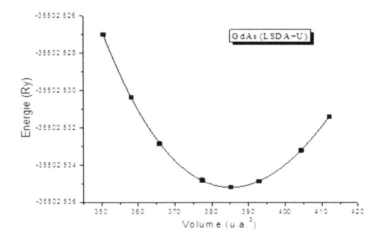

Figure IV.6: La variation de l'énergie totale de GdAs en fonction du volume dans LSDA+U.

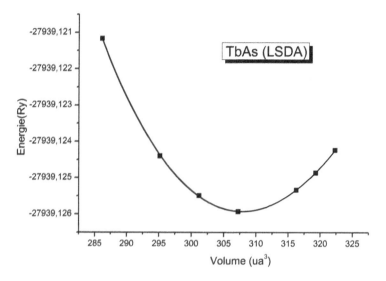

Figure IV.7: La variation de l'énergie totale de TbAs en fonction du volume dans LSDA.

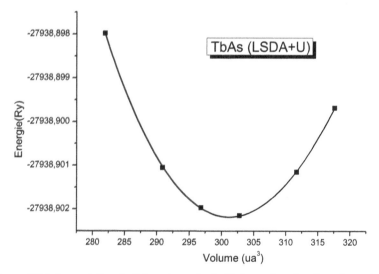

Figure IV.8: La variation de l'énergie totale de TbAs en fonction du volume dans LSDA+U

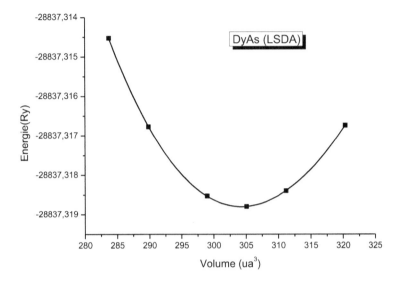

Figure IV.9: La variation de l'énergie totale de DyAs en fonction du volume dans LSDA.

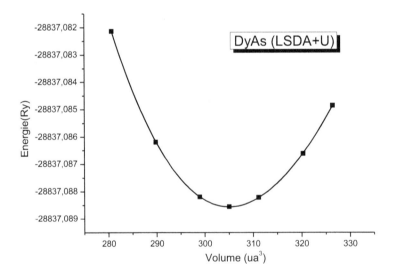

Figure IV.10: La variation de l'énergie totale de DyAs en fonction du volume dans LSDA+U

IV.3 Les propriétés électroniques :

Pour calculer les structures de bande et les densités d'états, on a utilisé les paramètres des réseaux calculés précédemment. Pour les binaires à base d'éléments de terres rares, spin ($\uparrow$ et $\downarrow$) caractérisent respectivement les électrons des terres rares majoritaires et minoritaires. Pour nos calculs on a utilisé l'approximation de la densité locale à spin polarisé (LSDA) et l'approximation de la LSDA+U où U est le paramètre d'Hubbard appliqué aux états f fortement corrélés de l'europium, du gadolinium, du terbium et du dysprosium.

Les structures de bandes pour le spin majoritaires et minoritaires du EuAs, GdAs, TbAs et DyAs sont représentées dans les figures **Figure 4.11, Figure 4.13 et Figure 4.15, Figure 4.17.**

Les structures de bande obtenues pour les quatre matériaux sont presque similaires avec de légers décalages des états énergétiques de quelques bandes. Entre les calculs effectués par l'approximation de la LSDA et celle effectués par la LSDA+U, seul le positionnement des états f a été perturbé par le paramètre U de Hubbard. Ces structures de bande ne montrent aucun gap ce qui suggère un caractère métallique pour ces quatre matériaux.

EuAs :

Les structures de bandes et les densités d'états de spin polarisé de EuAs sont données respectivement dans les figures (4-11) et (4-12), d'après ces figures on remarque une similitude entre les états électroniques du EuAs traité par la LSDA et du EuAs traité par la LSDA+U à l'exception des bandes f remplies qui sont repoussés vers la bande de valence et les bandes f vides qui sont eux repoussés vers la bande de conduction, et ceci pour les deux directions de spin. On remarque aussi que le voisinage du niveau de fermi est dominé par un pic important des états f du Eu pour le spin haut hybridé avec les états d du Eu. Pour les spins minoritaires la contribution majeure est due aux états p du As hybridés aux états d du Eu.

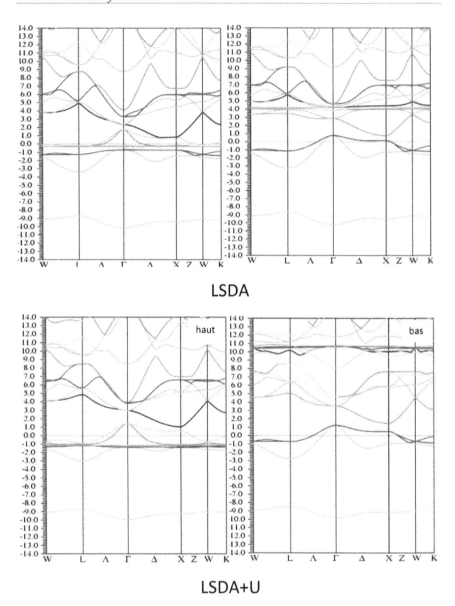

LSDA

LSDA+U

Figure IV.11: structures de bandes électroniques du binaire EuAs, calculées avec LSDA et LSDA+U.

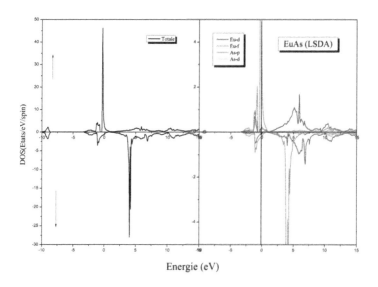

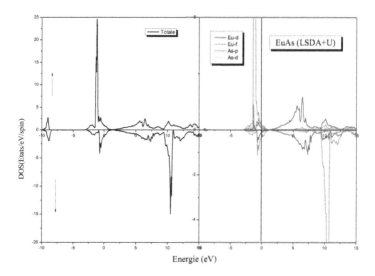

Figure IV.12: Densités d'états totales et partielles à spin polarisé de EuAs.

GdAs :

Les structures de bande et les densités d'états de spin polarisé de GdAs sont données respectivement dans les figures (4-13) et (4-14), d'après ces figures on remarque une similitude entre les états électroniques du GdAs(LSDA) et du GdAs(LSDA+U) et ceci pour les deux directions de spin. On remarque aussi que le voisinage du niveau de fermi est dominé par un pic important des états f du Gd pour le spin haut hybridé avec les états d de Gd. Pour les spins minoritaires la contribution majeure est due aux états p du As hybridés aux états d du Gd. L'utilisation de la LSDA+U a eu pour effet de décaler les états f remplies vers la bande de valence et les états f vides vers la bande de conduction.

TbAs :

Les structures de bandes et les densités d'états de spin polarisé de TbAs sont données respectivement dans les figures (4-15) et (4-16), d'après ces figures on remarque une similitude entre que les états électroniques du TbAs(LSDA) et du TbAs(LSDA+U) et ceci pour les deux directions de spin. On remarque aussi que le voisinage du niveau de fermi est dominé par un pic important des états f du Tb pour le spin haut hybridé avec les états d du Tb. Pour les spins minoritaires la contribution majeure est due aux états p du As hybridés aux états d du Tb. L'utilisation de la LSDA+U a décalée les états f remplies vers la bande de valence et les états f vides vers la bande de conduction.

DyAs :

Les structures de bande et les densités d'états de spin polarisé de DyAs sont données respectivement dans les figures (4-17) et (4-18), d'après ces figures on remarque une similitude entre les états électroniques du DyAs(LSDA) et du DyAs(LSDA+U) et ceci pour les deux directions de spin. On remarque aussi que le voisinage du niveau de fermi est dominé par un pic important des états f du Dy pour le spin haut hybridé avec les états d du Dy. Pour les spins minoritaires la contribution majeure est due aux états p du As hybridés aux états d du Dy. L'utilisation de la LSDA+U a eu pour effet de décaler les états f remplies vers la bande de valence et les états f vides vers la bande de conduction.

54

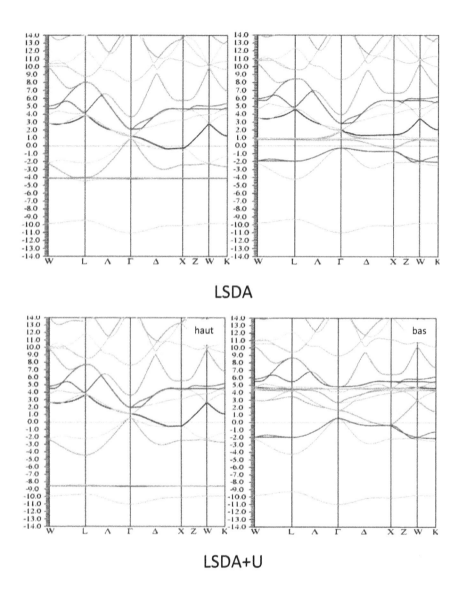

LSDA

LSDA+U

Figure IV.13: structures de bandes électroniques du binaire GdAs.

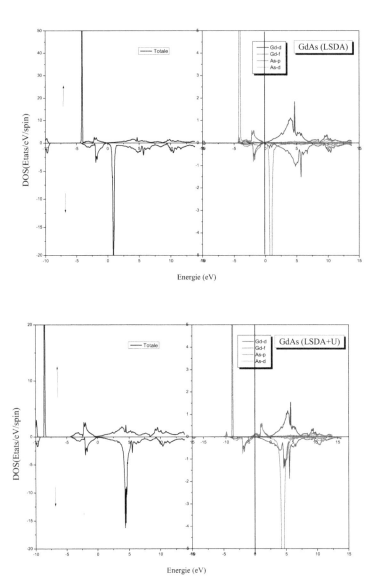

Figure IV.14: Densités d'états totales et partielles à spin polarisé de GdAs.

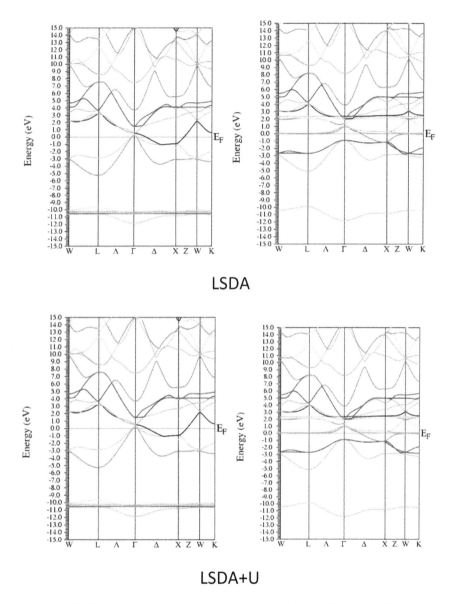

LSDA

LSDA+U

Figure IV.15: structures de bandes électroniques du binaire TbAs, calculées avec LSDA et LSDA+U.

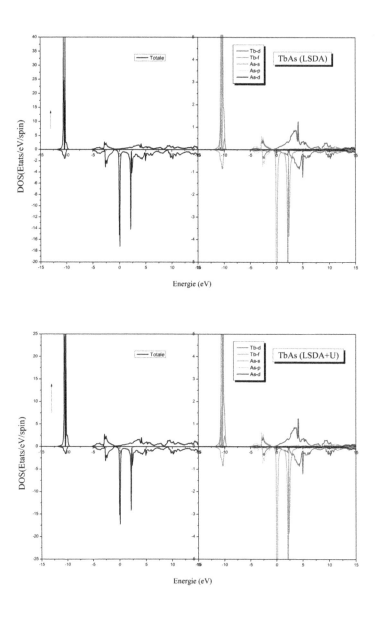

Figure IV.16: Densités d'états totales et partielles à spin polarisé de TbAs.

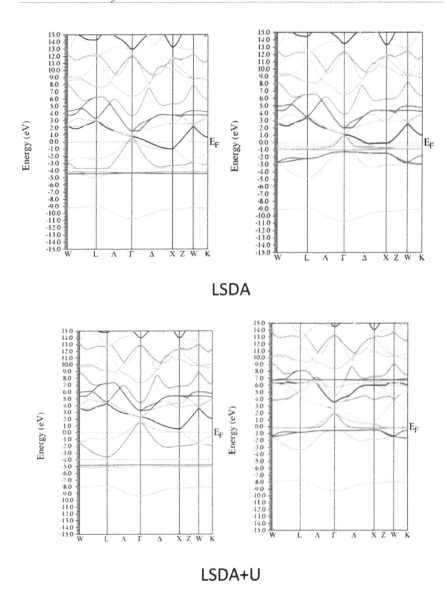

LSDA

LSDA+U

Figure IV.17: structures de bandes électroniques du binaire DyAs, calculées avec LSDA et LSDA+U.

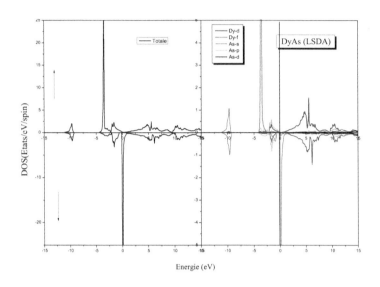

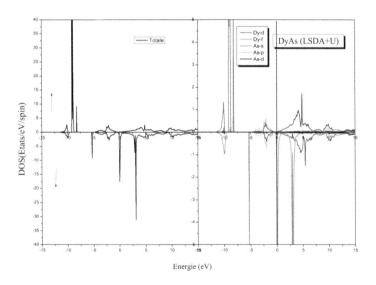

Figure IV.18: Densités d'états totales et partielles à spin polarisé de DyAs.

60

IV.4 Les propriétés magnétiques :

Dans le tableau (4.3) on donne les valeurs du moment magnétique des binaires et des ternaires respectivement.

Matériau	Approximation	μ (terre rare) (μ_B)	$\mu As(\mu_B)$	μ (région interstitielle) (μ_B)	μ_{tot} (μ_B)
EuAs	LSDA	6.46154	-0.10436	-0.05138	6.30580
	LSDA+U	6.89928	-0.00882	0.10610	6.99656
GdAs	LSDA	6.97759	-0.03813	0.04239	6.98184
	LSDA+U	7.06360	-0.04209	0.00861	7.03013
TbAs	LSDA	5.92548	0.00149	0.05279	5.97976
	LSDA+U	6.04007	-0.04034	0.01731	6.01704
DyAs	LSDA	4.83192	0.02189	0.05308	4.90688
	LSDA+U	4.42055	0.03143	0.12344	4.57542

Tableau IV.3 : les valeurs des moments magnétique des binaires.

D'après ce tableau on remarque que la plus grande partie de ces moments magnétiques est fortement trouvée dans les sites des terres rares pour le EuAs ; (Eu : 6.46154 (LSDA) et 6.89928 (LSDA+U)). Pour le GdAs, le moment magnétique du Gd (Gd : 6.97759 (LSDA) 7.06360 (LSDA+U)). Pour les deux binaires, la contribution des sites interstitiels est négligeable.

En ce qui concerne le TbAs, la majeur partie de ces moments magnétiques est fortement trouvée dans les sites des terres rares pour le TbAs ; (Tb : 5.92548 (LSDA) et 6.04007 (LSDA+U)). De même pour le DyAs, le moment magnétique du Dy (Dy : 4.83192 (LSDA) 4.42055 (LSDA+U)). Pour les deux binaires, la contribution des sites interstitiels est négligeable.

61

Enfin le moment magnétique totale des quatre binaires est de 6.30580μ_B(LSDA) et 6.99656μ_B (LSDA+U) pour le EuAs, 6.98184μ_B (LSDA) et 7.03013μ_B (LSDA+U) pour le GdAs, 5.97976μ_B (LSDA) et 6.01704μ_B (LSDA+U) pour le TbAs il est de 4.90688μ_B (LSDA) et 4.57542μ_B (LSDA+U).

On remarque que le moment magnétique des matériaux contenant le gadolinium est plus élevé que ceux qui contiennent l'europium ou terbium ou dysprosium. Par contre l'approximation LSDA+U n'apporte pas une correction importante à ces moments magnétiques.

Bibliographie

[1] PHYSICAL REVIEW B 75, 045114 2007.

[2] F.D. Murnaghan, Natl. Acad. Sci. U. S. A. 30, 5390(1994).

[3] G. Igor, M. Isabelle, O. Akira, ESRF Hs 1206, 2000.

[4] G. pagara, P. Soni, V. Shrivastava, S. P. Sanyal, J. Phys. Chem. Solids 70 (2009) 650-654.

[5] Dinesh C. and al., Journal of Alloys and Compounds, 509, 4653, 2011.

[6] Ubhra Kulshrestha and al, AIP Conf. Proc., 1349, 797, 2011.

[7] K. Singh and al, AIP Conf. Proc., 1349,121, 2011

[8] Gitanjali Pagare and al, AIP Conf. Proc 1349, 93, 2011

[9]Gitanjali Pagarea and al. Computational Materials Science Volume 50, Issue 2, December 2010, Pages 538–544.

[10]J. Hayashia and al. Solid State Communications 125 (2003) 543–546.

[11]I. Shirotani and al. Solid State Communications 127 (2003) 573–576.

Conclusion

Conclusion

Dans cette thèse nous avons utilisé la méthode des ondes planes augmentées avec linéarisation (FP-LAPW), pour calculer les propriétés structurales, électroniques et magnétiques des binaires ferromagnétiques ReAs (Re = Eu, Gd, Tb et Dy), dans la structure NaCl.

Pour comprendre les propriétés de ces matériaux à base de terres rares, nous avons étudié les propriétés structurales, électroniques et magnétiques des composé ReAs (Re : Eu, Gd, Tb et Dy).

La forte corrélation des états $4f$ des terres rares a été traité en utilisant la LSDA+U pour tous les binaires à base d'europium, de gadolinium, de terbium et de dysprosium.

Pour les propriétés structurales, elles ont été effectuées en utilisant deux approximations pour l'énergie d'échange et de corrélation (LSDA et LSDA+U) afin de comparer entre elles. Nous avons aussi calculé les propriétés électroniques et magnétiques par les approximations LSDA et LSDA+U pour pouvoir mettre en évidence l'influence du paramètre U de Hubbard sur les états f.

Les calculs des propriétés structurales ont montré une dépendance du paramètre du réseau et du module de compressibilité), avec le nombre atomique des terres rares : plus le numéro atomique augmente plus le paramètre du réseau diminue et ceci pour les deux approximations utilisées pour l'énergie d'échange et de corrélation.

Les structures de bande et les densités d'états, à spin polarisé, ont montré que la position et le caractère des états 5d et $4f$ des terres rares, donnent des caractéristiques inhabituelles à ces binaires. Ainsi le caractère purement métallique de ces quatre binaires est très visible dans les structures de bande.

Pour les propriétés magnétiques, le moment magnétique total est dû en majorité à la contribution des ions de terres rares et ce dernier est plus grand pour le Gd et diminue pour les éléments qui suivent.

www.ingramcontent.com/pod-product-compliance
Lightning Source LLC
LaVergne TN
LVHW042348060326
832902LV00006B/458